खिमुली
'काव्य संग्रह' भाग-1

लेखक- दीपक कोहली

Copyright © Writer- Deepak Kohli
All Rights Reserved.

This book has been published with all efforts taken to make the material error-free after the consent of the author. However, the author and the publisher do not assume and hereby disclaim any liability to any party for any loss, damage, or disruption caused by errors or omissions, whether such errors or omissions result from negligence, accident, or any other cause.

While every effort has been made to avoid any mistake or omission, this publication is being sold on the condition and understanding that neither the author nor the publishers or printers would be liable in any manner to any person by reason of any mistake or omission in this publication or for any action taken or omitted to be taken or advice rendered or accepted on the basis of this work. For any defect in printing or binding the publishers will be liable only to replace the defective copy by another copy of this work then available.

चिरस्थायी आभार स्वरूप मैं यह पुस्तक अपने पूजनीय माता-पिता जी के पुण्य चरणों में समर्पित करता हूँ। जिनके त्याग, संघर्ष और परिश्रम से मैं शिक्षित हो पाया और अपनी भावनाओं को कविताओं के जरिए आप तक पहुंचा पाया हूँ।

क्रम-सूची

प्रस्तावना	vii
भूमिका	ix
पावती (स्वीकृति)	xi
आमुख	xiii
1. पहली कविता	1
2. दूसरी कविता	2
3. तीसरी कविता	3
4. चौथी कविता	4
5. पांचवीं कविता	5
6. छठी कविता	6
7. सातवीं कविता	7
8. आठवीं कविता	8
9. नौवीं कविता	9
10. दसवीं कविता	10
11. 11वीं कविता	11
12. 12वीं कविता	12
13. 13वीं कविता	13
14. 14वीं कविता	14
15. 15वीं कविता	15
16. 16वीं कविता	16
17. 17वीं कविता	17
18. 18वीं कविता	18
19. 19वीं कविता	19
20. 20वीं कविता	21
21. 21वीं कविता	22
कवि परिचय	23

प्रस्तावना

'खिमुली' काव्य संग्रह का प्रथम भाग मेरे द्वारा लिखी गई मेरे लड़कपन की यादें और मेरे पत्रकारिता जीवन के शुरुआती दिनों की कुछ अनसुनी बातें हैं। इस पुस्तक में आपको मीठी, सुंदर कविताएँ पढ़ने को मिलेंगी। मेरी आपसे प्रार्थना है कि आप मेरी इन कविताओं को आप किसी लेखक या कवि द्वारा लिखी गई कविताओं से तुलना मत कीजिएगा।

भूमिका

इस पुस्तक को लिखने में मेरे मित्रों और मेरे परिजनों का एक अहम रोल रहा है। मित्रों ने मेरी कविताओं को सुना, पढ़ा और सहारा व मुझे लगातार लिखने के लिए प्रेरित किया। परिजनों ने मुझे आर्थिक, मानसिक सहायता दी। जिससे मैं अपने विचारों को आप सभी पाठकों के साथ साझा कर पाने में सफल हुआ हूँ। इसलिए मैं अपने सभी मित्रों व परिजनों का तहेदिल से धन्यवाद करना चाहता हूँ।

पावती (स्वीकृति)

मैं स्वीकृति देता हूँ कि आप मेरी पुस्तक 'खिमुली' काव्य संग्रह के प्रथम भाग को आप अपनी वेबसाइट पर प्रकाशित करें।

आमुख

'खिमुली' शब्द कुमाऊनी भाषा का शब्द है, जो एक स्त्री का नाम है। खिमुली का अर्थ- सुंदर और हंसमुख होता है। इस पुस्तक का नाम खिमुली इसलिए रखा गया है क्योंकि लेखक ने यह पुस्तक अपनी माँ खिमुली को समर्पित की है।

1. पहली कविता

लिखता हूँ एक कविता
लिखता हूँ एक कविता, कुछ लाइनों में,
ऐ मेरे वतन, तेरे उन जवानों के लिए।
जिन्होंने अपना सीना चीर दिया गोलियों से,
और नहीं आने दी तेरे आंगन में कोई दरार।।

मुझे भी शौक था तेरी रक्षा करने करने का,
पर साथ नहीं दिया इस शरीर ने।
ऐ मेरे वतन तेरे उन जवानें को मेरा सलाम,
जिन्होंने तेरे लिए अपनी कुर्बानी दी।।

उन पहाड़ों और जंगलों में रहने का शौक था मुझे
भी, पर क्या बताऊं मां ने मुझे कबूला नहीं।
ऐ मेरे वतन तेरे जवानों को मेरा नमन,
जिन्होंने तेरे लिए अपना बलिदान दिया।।

आग और पानी से खेलना चाहता था तेरे लिए,
लेकिन उस खुदा को कबूल नहीं था मेरा यह खेल।
जिसने बना दिया मुझे एक कवि और एक मेल,
ऐ मेरे वतन तेरे उन जवानों को मेरा अदामा,
जिन्होंने हमारे लिए अपनी जान बाजी लगाई है।।

लिखता हूं एक कविता, कुछ लाइनों में..!
*****

2. दूसरी कविता

मेरी जन्मभूमि
हम उस मिट्टी के है, जहां देवता निवास करते है।
मेरी मातृभूमि नहीं वो, पूरे विश्व की देवभूमि है।।

गंगा-यमुना बहते जिसमें, ऊँचा जहां हिमालय हो।
नमन करूं इस भूमि को, केदार सा जहां शिवालय हो।।
जहां घर - घर में गाय माता को, आज भी पूजा जाता है।
वहीं घर- घर में तुलसी माता, आज भी लगी होती है।।

जहां हर पर्वत पे देवता बैठे हो, घर-घर में गोलू पूजा हो।
मिट्टी-पत्थरों से बने मकान हो, लकड़ियों से सजा शमशान हो।।

*****

3. तीसरी कविता

तुम मेरी पहचान हो
मुस्कराती-इतराती तुम मेरी जान हो,
इस दुनिया में बस तुम्हीं मेरी पहचान ।।

कभी अकेले में तो कभी साथ रुलाती हो,
तुम ही मुझे मेरी तमन्ना याद दिलाती हो।।

मुस्कान तुम्हारे चहेरे पर खुदा की इबादत है,
तुम्हीं तो हो जो मेरे सपनों में खेलती हो।।

सांसों से सांस जुड़े है तुम्हारे साथ मेरे,
इस जीवन की नैनों में, मैं साथ रहूंगा तेरे।।

मुस्कराती-इतराती तुम मेरी जान हो...!

*****

4. चौथी कविता

एक रूप मेरा
एक रूप मेरा !
सुन्दरता मेरी कश्मीर
रूप मेरा मद्रासी है।
केरल जैसी आँखें मेरी,
दिल मेरा दिल्ली है।
मुस्कान मेरी यूपी तो,
स्वभाव मेरा उड़ीसा है।
तिलक मेरा उत्तराखंड,
तो हृदय मेरा एमपी है।
कुंडल मेरे छतीसगढ़ी तो,
पायल मेरे मिजोरमी है।
घाघरा मेरा राजस्थानी,
दुपट्टा मेरा गुजराती है।

बोली मेरी हिमाचली तो,
चोली मेरी पंजाबी है।

चाल मेरी हरियाणी तो,
शौक मेरे अरुणाचंली है।

मुकुट मेरा हिमालय तो,
पैर मेरे कन्याकुमारी है।

काम मेरा वीरों वाला,
तो नाम मेरा भारती है।

*****

5. पांचवीं कविता

कलयुगी कविता
कबीरा भ्रष्टाचार की लूट है,
तू भी दोनों हाथों से लूट।

नहीं तो फिर पछताएगा,
जब पद जाएगा छूट।।

रहीमन भ्रष्टाचार का राज है,
तू भी नम्बर दो कमा ले।
नहीं तो ईमानदारी के सौदे में,
उठाना पड़ेगा बड़ा नुकसान।।

कबीरा जाने कहां खो गये,
सत्य-धर्म और ईमान।
अब यहां इंसानों के भेष में,
घूम रहे है शैतान।।

नेताओं के आते-जाते,
अब जनता हुई परेशान।
करत-करत वादे-घोटाले,
ये होए धनवान ।।

*****

6. छठी कविता

एक कवि
मैंने एक कविता लिखी है,
जो मैं आपको सुनाता हूँ।।
खोए हुए सपनों को मैंने,
आंखों में बसाया हैं।।
कुछ रंगीन ख्वाबों को,
मैंने सांसों में समाया है।।

अपनी हर एक जीत,
मैंने दिल से लगाई है।।
उन कुछ हार से भी,
मैंने कुछ अपनाया है।।
जिससे मेरा दिल टूटा,
और दुश्मन खुश हुए।।

मैंने एक कविता लिखी,
जो मैंने आपको सुनाई।।
*****

7. सातवीं कविता

हाथों में तिरंगा
मेरे हाथों में तिरंगा हो,
और होठों में गंगा हो।
यहीं मेरी अंतिम इच्छा है,
कि मेरा भारत महान हो।।

मेरे आखों में देश छवि हो,
सांसों में यहां की हवा हो।
यहीं मेरी अंतिम चाहत है,
कि मेरा देश महान बने।।

मेरे होठों में हंसी हो,
और हृदय में प्रित हो।
यहीं मेरा अंतिम सपना है,
कि मेरा देश रंगीला हो।।

मेरे कंधों में जिम्मा हो,
और सर पर कफन हो।
यहीं मेरा अंतिम ख्वाब है,
कि मेरा देश विजय हो।।

*****

8. आठवीं कविता

बेटी बचाने निकला देश

बेटी बचाने निकला मेरा देश।
बस शर्त इतनी है मेरे देश की,
बेटी अपनी नहीं, दूसरे की हो।

बेटी बचाने निकला मेरा देश।
कहीं शोषण तो कहीं बलात्कार,
हो रहा यहां पर सब माफ।

बेटी बचाने निकला मेरा देश।
इसे मां चाहिए - बहन चाहिए,
लेकिन अपनी बेटी नहीं चाहिए।
*****

9. नौवीं कविता

वो भी क्या दिन थे
वो भी क्या दिन थे !
जब पीया करते थे नौलों का पानी,
और खेला करते थे मडुवे के खेतों में।

वो भी क्या दिन थे !
जब भागा करते थे स्कूलों से,
और घर पहुंचा करते थे देर से।

वो भी क्या दिन थे !
जब छोटी-सी बातों पर हुआ करती थी लड़ाई,
और फिर थोड़ी देर में बन जाते थे दोस्त।

वो भी क्या दिन थे !
जब नहाया करते थे नदियों में,
और मारा करते थे मछलियां।

वो भी क्या दिन थे !
जब घर आपस में लड़ा करते थे,
और फिर मम्मी की मार खाया करते थे।
*****

10. दसवीं कविता

गरीब का बेटा

मैं गरीब का बेटा, मुझे कौन जानता है,
तू महलों की बेटी, तुझे दुनिया जानती है।

जब आए थे मेरी, अम्मी के आंखों से आंसू,
तब आहट सुनी थी, मैंने तेरे कदमों की।

ना जाने हम गरीबों के दुश्मन इतने क्यों,
ना जाने तुम्हारे चाहने वाले इतने कैसे।

कसूर बस इतना है, मैं गरीब का बेटा हूं,
कसूर बस इतना है, तू महलों की बेटी है।

खुदा भी छोड़ हम गरीबों को चला गया,
उसे भी अब महलों की आदत बन गई।

*****

11. 11वीं कविता

मन की तमन्ना
मन में तमन्ना है कि,
इस देश के लिए कुछ करु।
पर यहां तो सब मतलबी हैं,
कोई कहता तू हिंदू है, तो
कोई कहता तू मुस्लिम है।।

मन में तमन्ना है कि,
इस देश के लिए मर मिटूँ।
पर यहां तो सब मतलबी है,
कोई कहता तू फकीर है, तो
कोई कहता तू जहांगीर है।।

मन में तमन्ना है कि,
इस देश के लिए शहीद हो जाऊ।
पर यहां तो सब मतलबी हैं,
कोई कहता तू गरीब है, तो
कोई कहता तू अमीर है।।

मन तमन्ना है कि,
इस देश के लिए सैनिक बनूं।
पर यहां तो सब मतलबी है,
कोई कहता तू मोटा है, तो
कोई कहता तू छोटा है।।
*****

12. 12वीं कविता

वो मेरा हल्द्धानी प्यार
वो हमारी संस्कृति का द्धार,
चमकता हल्द्धानी अपार ।।
वो कुमांऊ गीतों का संग्राम,
गुनगुनाता हल्द्धानी मेरा।।
वो बसों में लोगों का इंतजार,
कोई सोया तो, कोई बैठा ।।
वो मेरा हल्द्धानी का प्यार,
बैठे बस में तेरा इकरार।।
वो मेरे दिल से तुझे नमन,
मेरी मातृभूमि उत्तराखंड।।

*****

13. 13वीं कविता

कहीं-कहीं देश मेरा

कहीं आरक्षण, तो कहीं भेदभाव,
कहीं जातिवाद, तो कहीं लिंगवाद।
कहीं नक्सलवाद,तो कहीं उग्रवाद,
इन्हीं सब में जल रहा देश मेरा।।

कहीं रेप तो, कहीं गैंगरेप,
कहीं भष्टाचार तो, कहीं आंदोलन।
कहीं घूसखोरी तो, कहीं लूटखोरी,
इन्हीं सब में जल रहा देश मेरा।।

कहीं घोटाले तो, कहीं चापलूसी,
कहीं शराबखोरी तो, कहीं लीसा तस्करी।
कहीं मारपीट तो कहीं चोरी-चकारी,
इन्हीं सब में जल रहा देश मेरा।।

*****

14. 14वीं कविता

कहां चले गए मेरे दादाजी

ना जाने कहां चले गए मेरे दादाजी।
अब कौन देगा, मुझे जेब से टॉफी,
और कौन बतलाएगा पुरानी बातें।।

ना जाने कहां चले गए मेरे दादाजी।
अब कौन करेगा मुझे प्यार और,
कौन बताएगा मेरी मन की बात।।

ना जाने कहां चले गए मेरे दादाजी।
अब किसे बोलूंगा अपनी दिल की बात,
और किस से सिखूंगा अच्छी आदत।।

ना जाने कहां चले गए मेरे दादाजी।
अब कौन देखा मुझे मेरा जेब खर्च,
और कैसे आइगें वो दिन वापस।।

ना जाने कहां चले गए मेरे दादाजी।।
*****

15. 15वीं कविता

मैं और वो

वो सागर से गहरी, तो
मैं सागर का किनारा।
वो कोई छोर नहीं, तो
मैं कोई चोर नहीं ।।

वो शहर की बस्ती, तो
मैं गांव का जंगल।
वो शहर की रानी, तो
मैं जंगल का राजा ।।

वो फूलों की कली, तो
मैं फूलों का कांटा।
वो फूलों की रानी, तो
मैं फूलों का राजा।।

वो रिश्तों की डोर, तो
मैं रिश्तों का गांठ।
वो महलो की रानी, तो
मैं सड़को का राजा।।

वो मेरी चाँदनी, तो
मैं उसका चांद।।
वो मेरी कविता, तो
मैं उसका कवि।।

*****

16. 16वीं कविता

ये वक्त भी क्या है
ये वक्त भी क्या है ?
आखिर क्या है ये वक्त
कहां से आया, किधर गया
ये वक्त आखिर क्या है ?

हर गम और हर खुशी
हर आंसू और हर हंसी
हर खुशबू और हर नगमा
इस वक्त में छिपा हैं।

आखिर क्या हैं ये वक्त ?

गुजरता है या थमता है
हकीकत है या झूठा है
नदियां है या समन्दर है
पहाड़िया है या वादियां है
आखिर क्या है ये वक्त ?

जख्म हो या दर्द
सदाएं हो या फजाएं
दिवार हो या दरिया
डाल हो या पेड़
आखिर क्या है ये वक्त ?

ये कब आया और
ये कहां से आया।
ये किधर गया और
ये फिर आया।।
आखिर क्या है ये वक्त ?
*****

17. 17वीं कविता

मैं तेरा हूं
मैं तेरा दिल हूं, तू मेरी जान हूं,
मैं एक संसार हूं, तू मेरी सुंदरता है।

मैं तेरा सुर हूं, तू मेरी स्वर है,
मैं एक भक्त हूं, तू मेरी इच्छा है।

मैं तेरा इंद्र हूं, तू मेरी इंद्रा है,
मैं एक बेटा हूं, तू एक बेटी है।

मैं तेरा किशन हूं, तू मेरी राधा है,
मैं एक चोर हूं, तू मेरी मल्लिका है।

मैं तेरा स्वामी हूं, तू मेरी दासी है,
मै एक बंशी हूं, तू मेरी बांसुरी है।
*****

18. 18वीं कविता

शराब
ये मेरी पहाड़ की बदकिस्मती है,
जो यहां शराब मिलती है।

किसी के बुझ गए घर के दिये,
तो किसी का घर बन गया श्मशान।

कोई अनाथ तो कोई इकलौता,
बन गए इस शराब से।

ये तो मेरी पहाड़ की बदकिस्मती है,
जो यहां शराब मिलती है।

किसी का बाप मर तो किसी का भाई,
इस शराब के कारण ।

किसी का घर जला तो किसी की आश,
इसी शराब से हुआ मेरे पहाड़ का नाश।

ये तो मेरी पहाड़ की बदकिस्मती है,
जो यहां शराब मिलती है।
*****

19. 19वीं कविता

मैं कौन हूं ?
मैं कौन हूं, मुझे पता नहीं।
मैंने पूछा सब से तो,
बताया किसी ने नहीं।

मैंने फूलों से पूछा तो,
फूलों ने कहां भवरों से पूछो।

मैंने भवरों से पूछा तो,
भवरों ने कहां चिड़ियों से पूछो।

मैंने चिड़ियों से पूछा तो,
चिड़ियों ने कहां शिकारियों से पूछो।

मैंने शिकारियों से पूछा तो,
शिकारियों ने कहां जंगल से पूछो।

मैंने जंगल से पूछा तो,
जंगल ने कहां पर्वतों से पूछो।

मैंने पर्वतों से पूछा तो,
पर्वतों नो कहां आसमां से पूछो।

मैंने आसमां से पूछा तो,
आसमां ने कहां धरती से पूछो।

मैंने धरती से पूछा तो,
धरती ने कहां पाताल से पूछो।

मैंने पाताल से पूछा तो,
पाताल ने कहां आत्मा से पूछो।

मैंने आत्मा से पूछा तो,
आत्मा ने कहां तुम कठपुतली हो।

खिमुली

*****

20. 20वीं कविता

वतन

आज क्यों भूल गये हम,
उन क्रांतिकारियों को।
जो इस वतन के लिए,
लड़े और शहीद हुए।।

उनका एक-एक कतरा,
इस देश के बदन में है।
जो लोग इन्हें भूल गए, वो
याद करें इनकी कुर्बानी।।

चढ़ गए वतन के लिए ,
कोई फांसी तो कोई जेल।
वतन को कर आजाद,
हमें दे डाली खुशियां।।
*****

21. 21वीं कविता

गर्व

ना दौलत पर गर्व करता हूं,
ना शौहरत पर गर्व करता हूं।
मैं तो अपनी किस्मत पर
गर्व करता हूं, क्योंकि मैं
हिंदुस्तान में पैदा हुआ हूं।।

ना तन पर गर्व करता हूं,
ना मन पर गर्व करत हूं।
मैं तो अपने आप में गर्व
करता हूं क्योंकि मैं
हिंदुस्तान में पैदा हुआ हूं।।

ना धर्म पर गर्व करता हूं,
ना कर्म पर गर्व करता हूं।
मैं तो उस माता पर गर्व करता
हूं, जिसने मुझे अपनी गोद
में पैदा होने का मौका दिया।।

*****

कवि परिचय

नामः- दीपक कोहली

योग्यताः- स्नातक (इतिहास, राजनीतिक),

परास्नातक (पत्रकारिता), पत्रकारिता डिप्लोमा

पेशाः- पत्रकारिता, हिंदी लेखक, सामाजिक कार्यकर्ता, फोटोग्राफर

संपर्क सूत्रः- +91 9690163174, +91 9718294336

Mail Id:- Deepakkumarkohli123.com@gmail.com

इस पुस्तक में लिखी गई सभी रचनाएँ सर्वाधिकार सुरक्षित हैं। लेखक की अनुमति के बिना इन रचनाओं का अन्य किसी मंच पर उपयोग करना सख्त रूप से मना है। अगर किसी मंच पर इस कविता संग्रह की रचनाएँ मिलती है, तो उस मंच के खिलाफ लेखक द्वारा कानूनी कार्यवाही की जा सकती है।

www.ingramcontent.com/pod-product-compliance
Lightning Source LLC
LaVergne TN
LVHW081458060526
838201LV00057BA/3073